Redes Sociales en las PYMES

Manuel J. Marí

1ª edición
Impreso en España / Printed in Spain
Twitter @ManuelMari92
ISBN: 978-1-4710-4678-0

Índice

Introducción

Bienvenid@ y gracias por adentrarte al mundo de las TIC's (tecnologías de la información y la comunicación) con nosotros. A través de este pequeño manual, ayudaremos a todas las empresas que quieran labrarse un futuro en las redes sociales. Mediante trucos y guías, conseguirán con pequeños pasos crear y gestionar las Redes Sociales de una forma simple y efectiva.

Actualmente y desde hace ya unos años, cada vez son más el número de empresas que deciden ganarse su trocito de mundo en Internet. Mientras las grandes marcas y empresas como "Coca-Cola" gastan hoy millones de euros en publicidad para darse a conocer, en las redes sociales el usuario está haciendo por su cuenta muchas de las tradicionales labores del marketing, donde con una comunicación rápida, clara y accesible, permite a millones de empresas, estar a la altura de las grandes multinacionales, ya que en las Redes Sociales todos podemos ser "Coca-Cola".

Poniéndonos desde el punto de vista del cliente, una de las grandes ventajas que aportan, es la opción de poder valorar, comparar y seleccionar un proveedor de productos o servicios en línea.

De este modo, las Redes Sociales acercan una nueva forma de comunicarse con el público, eliminando obstáculos temporales y permitiendo a millones de usuarios poder conocer su empresa con tan solo un "clic", y comunicarse de una forma directa con clientes que ya han disfrutado de sus productos, o con la propia empresa planteando dudas, problemas, sugerencias etc...

Siguiendo este manual, intentaremos que su empresa se posicione en un lugar idóneo para poder vender indirectamente su marca, producto o servicio de una forma efectiva, utilizando trucos de captación.

¿Es importante estar presente en los medios sociales? ¡Rotundamente SI!... pero no de cualquier manera.

Antes de comenzar con este manual es importante saber que comunicar a través de las Redes Sociales no es una tarea fácil, ya que esto implica dedicación, horas de esfuerzo y el saber comunicar de una forma eficaz todo lo que se quiere transmitir (hay que saber comunicar). Antes de adentrarnos al Social Media comenzaremos estableciéndonos un objetivo... Ahora sí, plantamos nuestra semilla!.

¿Qué es un medio social (social media)?

Los Medios de Comunicación Sociales (Social Media en inglés) son nada más y nada menos que la evolución de la tradicional forma de comunicación del ser humano. Plataformas de comunicación online donde el contenido es creado por los millones de usuarios que integran la plataforma mediante el uso de las tecnologías de la Web 2.0, que facilitan la edición, la publicación y el intercambio de información a nivel global.

Los tipos de medios sociales más utilizados actualmente son las redes sociales, los blogs, y los servicios de compartición multimedia. Por lo que llegamos a la conclusión de que una red social, es una plataforma social media.

Los medios sociales actuales, (como ya sabemos) son ricos en influencia, teniendo a las empresas/organizaciones a merced de todos los usuarios (una de las ventajas de internet) dando fruto a la interacción entre personas-organizaciones con una audiencia pública que es cada vez más "inteligente" y participativa.

Principalmente para gestionar bien un medio social las empresas se basan en las 4C's: confianza, conocimiento, co-creación y comunicación

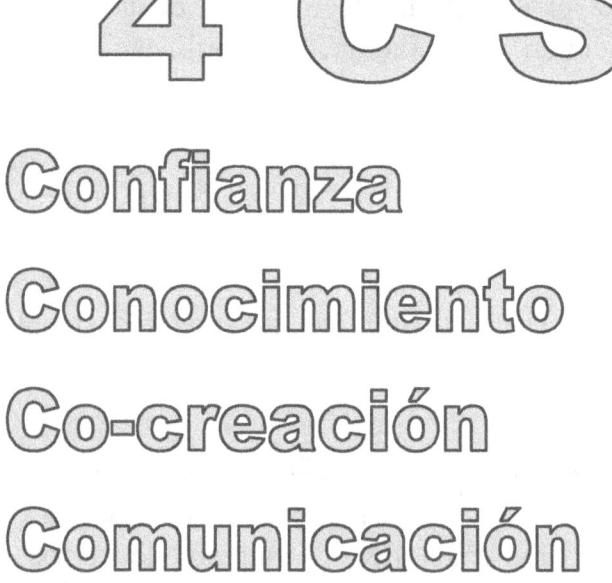

¿Por qué es recomendable estar presente en las Redes Sociales?

Porque hoy en día, lo que no está en Internet "no existe". Las empresas suelen buscar resultados cómodos a la vez que rápidos, y se debe saber que las redes sociales, conllevan un arduo y lento trabajo a la hora de dar a conocer la empresa, la marca o una campaña determinada... con lo que muchos lo ven como una inversión de tiempo sin retorno.

Pero hay dos motivos muy fuertes por los que debemos introducir las Redes Sociales en la empresa:

1° - Comunicación 2.0 – Estar presentes en medios como Facebook o Twitter no sólo es conveniente (ya casi obligatorio) por los cambios que se producen en la red, sino que nos ayudará a fidelizar usuarios y potenciales clientes. Escucharles es la base de todo y mantener el feedback, a la larga, nos dará muchas más ventajas.

2º - Su verdadero potencial a largo plazo –Con herramientas como Twitter o Facebook, nos permitirá desarrollar muchas más campañas al conocer a nuestros usuarios/potenciales clientes.

Es cierto que la inserción en redes sociales puede ser más lenta, pero debemos estar en ellas si queremos estar actualizados y continuar presentes en Internet, y más importante, no debemos olvidar que tenemos que ganar la confianza de los usuarios que dan al "Me gusta", generando contenidos de calidad e interés pero, más importante aún, generando mucho feedback.

Con estos argumentos, no deberías tener dudas.

¡Tu empresa tiene que estar en las Redes Sociales!.

Establecer un objetivo

Seamos reales y comencemos con una pequeña prueba:

-Abre el buscador GOOGLE, y busca el nombre de tu empresa:

Ahora cuenta los enlaces obtenidos tras la búsqueda que corresponden a tu empresa y analiza:

0 Resultados: *(has buscado y aparecen otras empresas)* NO EXISTES EN INTERNET
1 a 3 Resultados: *(las primeras son tuyas, el resto no corresponden)* CASI NO EXISTES
3 a 5 Resultados: REALIZAS GESTIONES MINIMAS *(páginas amarillas, google maps, etc)*
5 a 10 Resultados: *(aparecen varias webs en las que estoy registrado)* COMIENZAS A EXISTIR
10 a 15 Resultados: *(apareces en varios buscadores)* EXISTES

15 a 20 Resultados: *(más de dos hojas de google con enlaces a tu empresa)* LUGAR OPTIMO PARA UNA PYME
20< Resultados: REQUIERE UNA GESTIÓN DIRECTA DE LOS MEDIOS *(tiempo y dedicación)*

Ahora después de esto, plantéate un objetivo y una estrategia con una simple pregunta ¿Por qué quieres estar en las RSS? ¿Qué quieres conseguir? ¿Cómo?

Parece simple, pero es muy importante tener claro unos objetivos antes de lanzarse de lleno a que nuestra empresa tenga presencia en las redes sociales, ya que si estás presente tiene que ser de una manera eficaz. El objetivo será nuestra base de toda actuación en cualquier proceso de marketing, ya que sin objetivos y estrategias no vas a llegar a ningún lado.

Aquí te dejo con unas preguntas que te ayudaran a establecer objetivos y estrategias que puedes lograr a través de las plataformas sociales:

¿Quieres que tus productos lleguen a nuevos clientes?

SI		NO	

¿Quieres dar difusión a tu marca en internet?

SI		NO	

¿Quieres saber qué se dice de tu empresa en internet?

SI		NO	

¿Quieres crear una nueva red de seguidores?

SI		NO	

¿Te gustaría posicionarte en un referente del sector?

SI		NO	

¿Cómo? (de qué forma lo vas a conseguir)

_____

_____

_____

¿Cuándo? (marcarte unas fechas límites para lograr objetivos y proponerte nuevas metas)

Límite: __ / __ / 20__

Partiendo de las respuestas a estas preguntas, ahora solo tenemos que seguir adentrándonos, sin alejarnos nunca de nuestros objetivos propuestos.

Investiga

Te recomiendo, (si aún no lo has hecho) que te crees antes perfiles personales en por lo menos 2 Redes Sociales (facebook y twitter), e investiga cómo funcionan (es importante adquirir una experiencia técnica antes de adentrarse a un perfil profesional) ya que si no lo entiendes hay una gran probabilidad de que lo abandones, y para abandonarlo o gestionarlo mal: ¡NO LO CREES!

Escoge dónde vas a estar, pregúntate por qué es el lugar adecuado. No te empeñes en estar en todas partes, porque la dispersión generalmente lleva a la indefinición y confusión entre tus followers (twitter) o seguidores (Facebook).

Cuando ya lo manejes a nivel un poco más avanzado y logres manejarte en el menú con fluidez, te recomiendo que observes todo el mundo de empresas que tienes alrededor, para tener "una idea" de qué es lo que quieres, y ver qué les da la popularidad a las empresas (no es necesario que sean de tu mismo sector productivo). No olvidemos que copiar a uno es plagio pero copiar a muchos, investigación.

Después de todo, empieza a ver empresas de tu mismo sector productivo, lee publicaciones, enlaces, videos, y cómo está distribuida para poder valorar con criterio qué camino seguir para cumplir eficientemente con nuestros objetivos.

¿Qué Red Social es mejor?

Actualmente poca es la gente que no discute sobre cuál de las dos plataformas sociales más populares Facebook y Twitter es mejor. Estas plataformas reciben actualmente millones de personas que día a día intercambian fotografías, enlaces e información de todo tipo. Si hay que mencionar cual es la más "interesante" para tu empresa, hace falta decir, que cada una está diseñada para un tipo de público distinto. Y en este caso siempre hay que elegir aquella donde se encuentre tu público.

Beneficios y desventajas de Twitter:

Twitter permite comunicados "instantáneos" y puntuales, ideal para enviar "alertas" o ser utilizada como medio de atención al cliente, ofreciendo todo tipo de actualización al instante. Lo malo, toda información publicada no puede pasar de los 140 caracteres (letras, espacios etc.). Twitter está destinada principalmente a informar brevemente, y en esta red no hay espacio destinado específicamente a empresa (tienes que crearte un perfil personal).

Beneficios y desventajas de Facebook:

Facebook por su parte, al tener más recursos permite otro tipo de interacción, quizás en algún punto más profunda pero no necesariamente mejor que la primera, podemos decir que con otra finalidad. Facebook discrimina a las empresas de perfiles propios, dando la opción de poder crear la pagina de tu empresa. Esta plataforma ofrece muchos programas para añadir a tu página y de esta forma hacerla mucho más funcional, permitiendo adaptarla a tus necesidades-objetivos.

La clave principal de ambas redes sociales es aprovechar las ventajas que ofrecen cada una de ellas y de esa forma llegar con el mensaje justo, al público apropiado. Nosotros, por el hecho de ser una red social un poco más avanzada, algo más compleja y con posibilidades, centramos el manual en la creación y gestión de la plataforma Facebook.

Facebook

Actualmente Facebook se posiciona como líder en Red Social, llegando ya a más de 750 millones de usuarios. Esta red sin lugar a duda es la que mas oportunidad de negocio tiene, dedicando parte de la red a la comunicación de empresas mediante las conocidas "Fan page". Si hasta aquí lo tienes todo claro, ahora nuestra meta será crear nuestra plataforma en facebook. Lo resumiremos en 9 sencillos pasos para que puedas empezar a desarrollar tu campaña de marketing en esta red social.

1. Crea tu página

Para crear tu propia página en Facebook sólo tienes que acceder a facebook.com/pages y hacer clic sobre el botón "crear una página". A continuación accederás a una pantalla en la que tendrás que elegir la categoría de la página que quieres crear: negocio local o lugar; compañía, organización o institución; marca o producto; artista, grupo o figura pública; entretenimiento y causa o comunidad.

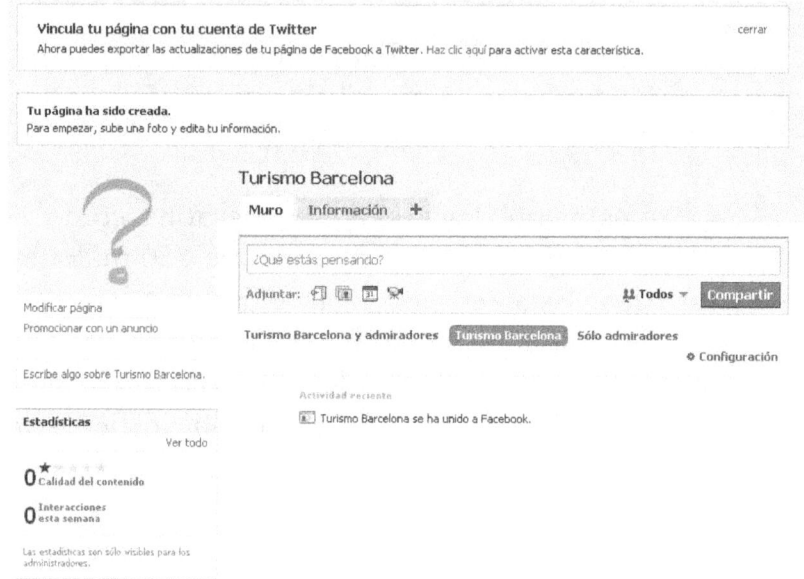

2. Rellena la información

Una vez hayas elegido la categoría de tu negocio, tendrás que introducir el nombre, la dirección y el número de teléfono de tu empresa. En el momento en que aceptes, te aparecerá una versión inicial de la que será tu página en Facebook.

3. Añade una fotografía

Sube una fotografía para tu página. Ésta puede ser un logo, una fotografía (lo que tenga más sentido para tu empresa), pero no puede pesar más de 4MB. Ten en cuenta que, aunque puede ser rectangular, la imagen que se mostrará al lado de tus actualizaciones es cuadrada, por lo que si no quieres que tenga un aspecto extraño, lo mejor es decantarse por una fotografía cuadrada.

4. Sugiere la página a tus amigos/clientes

Para empezar a lanzar tu página, recluta algunos "me gusta" de tus propios amigos. Para ello, empieza a escribir sus nombres, selecciónalos y añádelos a la lista para enviarles una invitación. Cuando tengas la lista, haz clic sobre "enviar recomendaciones".

También puedes colocar la FanBox en tu página web, permitiendo a los visitantes de tu web adherirse a tu facebook con solo un clic y convertirlo en "seguidor" de tu página de empresa.

5. Importa tus contactos

Puedes invitar a tus contactos de email a unirse a tu página a través de la función de "importar contactos". A través de un archivo o introduciendo directamente la dirección de email, Facebook podrá llegar a la gente de tu lista de contactos e invitarles a tu página. Aquellos usuarios con una cuenta en Facebook recibirán un aviso de recomendación a una página, mientras que los que no lo están recibirán un email invitándoles a unirse a Facebook y así poder acceder a tu página.

6. Empieza a crear contenidos

Una vez que tu página ya tiene foto y algunos fans, puedes empezar a publicar contenidos para comunicarte con ellos. Los estados pueden compartirse con todos o segmentarse en función de la localización o el lenguaje, algo que es especialmente útil cuando tu empresa opera en distintos lugares. Para publicar links, en cambio, no pegues directamente la URL, sino que haciendo clic sobre el botón "link" podrás adjuntarlo y publicar, junto al link, una imagen un texto.

7. Crea tu propia URL

Cuando consigas 25 fans, el administrador de la página puede crear una URL de Facebook (Ejemplo: www.facebook.com/elnombredetuempresa). Para ello tienes que acceder a la página de usuario, elegir el nombre de usuario del menú y escribir el nombre que quieres que aparezca en tu dirección URL, si está disponible. Recuerda que una vez que hagas este cambio ya no podrás volver a cambiar la URL.

8. Utiliza las herramientas

Para hacerte una idea de cuándo es mejor para tu empresa publicar contenidos en tu página de Facebook o qué tipo de contenidos funcionan mejor, Facebook Insights es una herramienta excelente. Ten en cuenta que medir el éxito en las sociales medias es complicado y son muchas las empresas que se centran en la interacción de los usuarios.

Así mismo, Facebook ofrece la posibilidad de agregar herramientas en tu página como para visualizar videos, publicar archivos PDF, montar una tienda virtual etc..., para ello solo tienes que darle a "configurar página", y "aplicaciones" (de todos modos en google, blogs y foros, puedes encontrar mucha información al respecto).

9. Designa otros administradores

Puedes hacer que varias personas gestionen la página y publiquen contenidos en ella, aunque recuerda que tanto los links como los estados aparecerán como escritos por la página y no por cada uno de los usuarios que la pueden administrar. No existe un límite de administradores para la página y puedes añadir nuevos administradores en la sección "administradores" en la barra de la derecha de la página.

Dotación de contenidos

Como anteriormente hemos dicho, no podemos estar de cualquier forma presente en los diversos tipos de Redes Sociales, ya que es más fácil crear la mala fama que labrarse una buena reputación. Para evitar meter la pata, hay unos criterios a la hora de publicar noticias, enlaces, fotografías etc. que tendrían que estar claros.

-Comenzamos diciendo que siempre tenemos que recurrir a la publicación de contenidos de calidad, publicando contenidos que realmente interesen a los seguidores de la página y les "obligue" a permanecer en ella. (No rompamos nuestro compromiso, un seguidor perdido probablemente sea ya irrecuperable, pero si hacemos que se sientan exclusivos por formar parte de nuestra Red Social, serán sin duda seguidores fieles)

-Otro aspecto a tener en cuenta es que tenemos que promocionarnos, identificarnos e interaccionar con los seguidores (acerca tu empresa a la gente "sin barreras ni obstáculos").

-A partir de la base, *"lo original y novedoso siempre vende"*. Tenemos que lograr una expansión permanente en la red, apostando por la creación de estrategias realmente interesantes. (si publicas contenido malo o aburrido, perderás seguidores).

-Promocionar siempre tu marca (promociona *"lo que te hace distinto a los demás"*)

-Realiza una búsqueda permanente de nuevas oportunidades de negocios, alianzas y contactos

-Promociona todo tipo de ofertas, descuentos exclusivos y nuevos productos o servicios.

-Realiza una escucha activa de opiniones de los usuarios que ayuden al dinamismo y optimización de la empresa o marca (no censures, toda crítica puede ser interesante).

Motivación y captación de "seguidores"

Unas de las tareas más duras al adentrarse de pleno en las Redes Sociales, es la labor de captar la atención de seguidores. Hay muchas formas de captar la atención (siempre teniendo la base de que nuestro contenido es bueno y nuestra gestión eficiente), aquí os dejamos unas ideas que pueden ayudar a la hora de captar nuevos seguidores

1-Fans VIP's

Un método para captar nuevos fans efectivo, es el hacer a tus seguidores sentirse clientes VIP's (very important persons) ofreciéndoles algún pequeño detalle que les hagan sentirse queridos por tu empresa. Si tienes una marca o empresa, ofrecer cupones de descuento o muestras de prueba puede ser una buena manera de fidelizar a tus fans actuales y además captar nuevos fans por medio del boca a boca y del marketing relacional.

2-Publicítate

Si añades un banner fijo o un enlace a tus páginas habituales de empresa (web, páginas amarillas, etc) dando a conocer tu página de Facebook y las ventajas de ser fan, es posible que consigas que gran parte de tus clientes actuales online decidan seguirte en Facebook, además de la ventaja de crear tráfico entre tus propias plataformas online por un coste nulo.

3-Utiliza tus propios recursos

Si se tienen base de datos almacenadas por la empresa o marca, se puede enviar un e-mail dando a conocer las plataformas online y las ventajas exclusivas que ofrecen cada una de ellas. Otra forma también a explotar es la de incluir siempre la dirección de tu Facebook en todos los comunicados o documentos de la empresa: newsletter, folletos, firma del correo electrónico, correo tradicional, etc.

4-Concurso Regalo

Muchas veces, el hacer un concurso online dentro de tu misma página de Facebook es un buen empujón para ganar fans y crear interacción entre tus seguidores. Obviamente cuánto mejor sea el premio más participantes habrá. Si quieres estimular la dinamización de tu fan page, puedes idear cualquier tipo de concurso que tenga como base tu muro de la página (contar historias, anécdotas, opiniones, etc.) o utilizando herramientas para la creación de concursos como "Easypromos".

5-Debates debatidos

No hay nada mejor, que dar rienda suelta a la imaginación y pensamiento de la gente. A través de los debates a demás de aprender, si tus seguidores saben que en tu muro se dan lugar debates interesantes acudirán a tu página para retroalimentarse, y si además, tienes en cuenta las mejores aportaciones y los mencionas como referencia o los premias de alguna forma, quizás no consigas nuevos seguidores, pero lo que seguro tendrás unos seguidores fieles a tu muro.

6- Contratar anuncios en Facebook

Otra opción (aunque tiene gasto económico) es contratar un anuncio en Facebook para público específico al que queremos dirigirnos. La segmentación que nos ofrece Facebook es altísima y la posibilidad de impacto también; es por eso que la relación de una inserción de anuncio con el resultado puede ser bastante satisfactoria para lo que es un medio online. Los anuncios se pueden restringir por edades, países o comunidades (haciendo así que tu marca sea vista por el público idóneo)

Cómo ser un Community Manager eficiente

Y te preguntarás: ¿Qué es un community manager? Es la persona encargada de crear, gestionar y dinamizar un grupo de usuarios en internet (Twitter, Facebook, YouTube, etc.) En pocas palabras, es un portavoz de la compañía en medios sociales con un efecto extraordinario. No hace falta estudiar para ser un Community manager de éxito, solo se necesita tener claras todas las cualidades que antes hemos mencionado y atender a los siguientes consejos con la finalidad de marcar un punto de partida para todo aquel que quiera ser un exitoso administrador de redes sociales.

Muy importante ser proactivo

Un community manager efectivo siempre tiene iniciativa, no se limita a lo que se le indica. Hay que dedicar parte del tiempo a crear ideas para darle valor a la red social INNOVAR. Sé proactivo, genera una nueva dinámica, experimenta nuevas formas de interactuar y propón contenido diferente e interesante aunque siempre en la línea de tu marca.

Partir siempre desde el objetivo principalmente propuesto

Para cumplir el fin primordial debe seguirse un plan e ir superando las metas u objetivos que poco a poco se irán planteando siguiendo la estrategia de la empresa midiendo y cambiando para mejorar la interacción en la redes sociales (no esperes cambios sin cambiar).

Hay que priorizar

El contenido que se comparta en la comunidad debe ser de gran valor, utilidad e interés. Enfócate en lo que genera atención, no en publicar por publicar. Piensa en las actividades que generarán mayor número de reacciones, como fotos, frases, videos y enlaces (si tienes duda compártelas con tus compañeros). Identifica lo que más te genera valor y trabaja sobre ello.

Gana satisfaciendo intereses de la gente

En las redes sociales todos ganan, de eso se trata. Haz que la empresa logre sus objetivos, ya sea mejorando su posicionamiento de marca, más tráfico en la página, mayor oportunidades de venta, y consiente a tu comunidad a través de la interacción, del contenido que compartes y del servicio (siempre sincero) que otorgas.

Aprende a "escuchar" lo que te dice

Sé un gran oyente de tu comunidad, pon atención en lo que tu gente comparte, escribe, expresa y busca para que puedas entenderla y satisfacerla. Contesta siempre las sugerencias o preguntas que te salgan y abre las puertas de tu empresa al mundo entero. En este apartado hay que destacar que está prohibido censurar. Todo comentario (a no ser que falte el respeto a personas o empresas) deben mantenerse utilizando como arma de defensa el debate, ya que a veces estos comentarios se realizan por el mero desconocimiento de los servicios o productos. De esta manera la empresa será más apreciada y podrás vivir en "la realidad" de la gente (las Redes Sociales nos ayudan a mejorar).

Genera sinergia

Permítete escuchar opiniones de compañeros, amigos, familia aceptando siempre consejos.

No hay que estancarse

No te quedes estancado, aprende de las nuevas plataformas y herramientas de redes sociales, así como de la manera de conectarte con las personas. Investiga estrategias y experimenta. Observa las cientos de aplicaciones que pueden ayudar a desarrollar tu página. No tengas miedo a innovar.

Cumplir siempre las 4 C's del Community Manager

1-Contenido: Dota a tu Redes Sociales de contenido interesante y actualizado.

2-Contexto: Haz accesible todos tus medios sociales (ábrelos a todo el mundo) vinculándolos siempre con la web de tu empresa, teléfonos de contacto y dirección física (esto siempre da confianza al usuario).

3-Conectividad: consigue llegar al público sin escaparte de tu finalidad y objetivo.

4-Continuidad: muy importante ser constante (comprobar varias veces al días las diversas redes sociales abiertas, dando respuesta y ofreciendo contenidos a diario) evitando siempre abandonar la red o descuidarla.

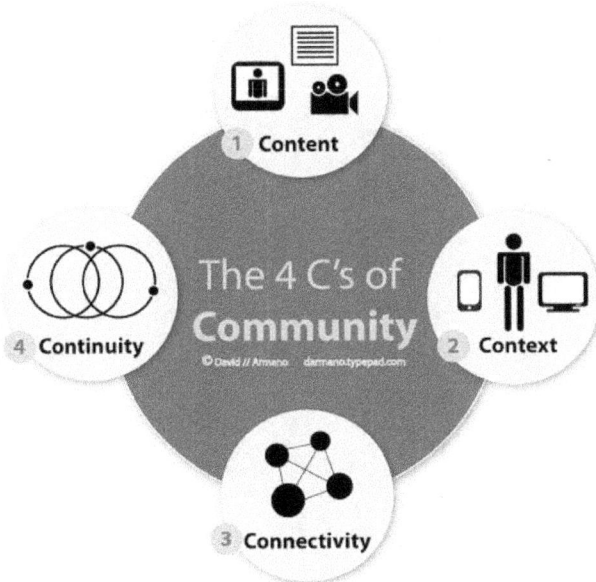

Redes Sociales como método de venta

Y Muchas empresas, se incorporan a las Redes Sociales como un medio más para vender su producto o servicio, pero las Redes Sociales no se crearon con ese objetivo, y probablemente si llevas esa mentalidad no lo conseguirás, ya que no debemos olvidar que las personas están en las Redes Sociales principalmente por ocio.

Las Redes Sociales no dejan de ser un medio de comunicación mediante el cual las personas interactúan con personas y empresas de todas partes del mundo. Un medio más de comunicación que si se utiliza de la forma correcta, puedes lograr vender tu producto de una forma sutil.

Partimos de la cruel y dura realidad, probablemente tu producto-servicio no es el mejor del mercado, pero aquí todo cuenta.

La atención al cliente y la forma de vender tu producto-servicio, destacando que es lo que hace lo hace único es la clave en la que las Redes Sociales pueden ser un medio infalible.

Aquí podemos observar, como las Redes Sociales pueden repercutir sobre las ventas de tu marca, producto o servicio:

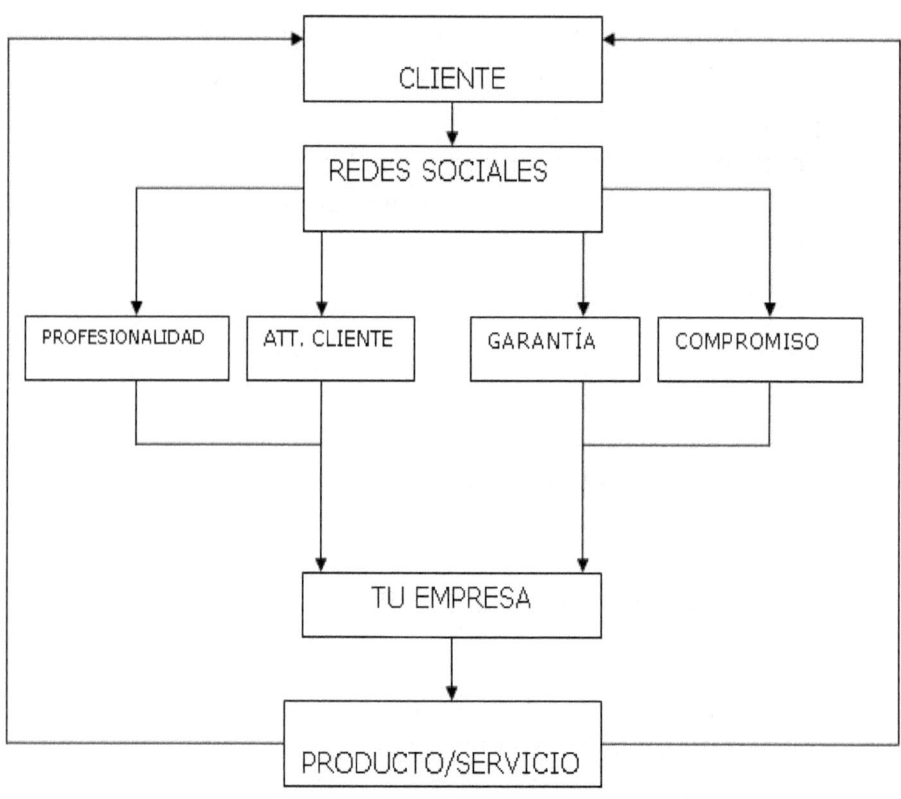